pot ポット ブックス

たにぞうのあそびうた

HITS on Stage

DVD&CD BOOK

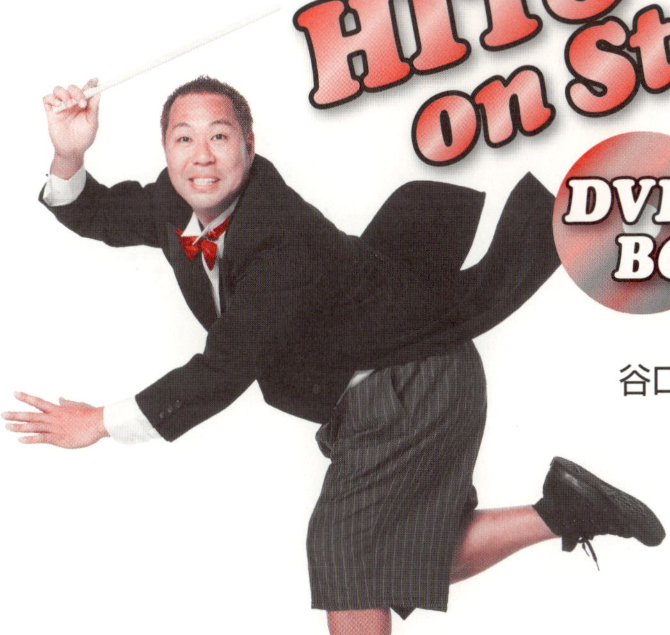

谷口國博 著

はじめに

ぼくがこうして、子どもたちの遊び・歌・ダンスを創れるようになったのは、

保育園で働いた5年間の経験のおかげだと思っています。

あの時感じた、子どもたちの歌声や子どもたちの遊びが、今でも目の前にあります。

ぼくが遊びや歌を創るときには、

そのときの風景までも思い出しながら創ることにしています。

ですからこうやってできあがった遊びや歌は、

今まで出会った子どもたちからのプレゼントなのかもしれません。

今回、こうしてDVD＆CD BOOKという形になったことで、

日常の保育のなかで、DVDを見ながらいっしょに遊んだり、

運動会や発表会で披露したりと、楽しんでもらえる機会がいっそう広がりました。

さあ、となりの人と手をつないで遊んでみましょう！

全国の子どもたち、先生たち、大人たちが、この遊びや歌を通じて、

たくさんのすてきな仲間たちと出会っていってくれたらうれしいです。

最後に、この本を手にとってくださった あ・な・た ！

本当にありがとうございます。

谷口國博

もくじ

はじめに……… 2

♪ あそびうた

ぼくといっしょに	……… 6
マジカルミラクル	……… 10
さんかくおばけ	……… 14
みんなでうたおうバビデブー	……… 18
むしめがね	……… 22
とんとんとんとんおかあさん	……… 26

へびにゃりよ ……………… 29
はたらきもののおじいさん ……………… 34
魔法のシャンプー ……………… 40
中華中華 ……………… 44
なにをつくろうか？ ……………… 48

♪卒園児に贈るうた

しあわせなみらいへ ……………… 52

ぼくといっしょに

新年度のスタートにぴったりな、元気いっぱいの遊び歌です。新しいクラスにちょっぴり緊張気味の子どもたちも、きっとすぐに仲よくなれるはず！ 楽しくて覚えやすい振り付けで、思い切り体を動かしましょう。

1 ♪さあ でかけよう あのあおい うみまで

元気よく足踏みをしながら、「♪さあ で」で両手をグーにして右にパンチし、「♪かけよう」で体の横に下ろします（Ⓐ）。「♪あのあおい」では、同様の動作を反対方向で行います（Ⓑ）。

ⒶⒷの動作をもう一度繰り返します。足踏みは**4**まで同様に続けましょう。

2 ♪みたことのない

右手の人さし指を立てて、円を描くように腕をぐるっと回します。「♪ない」で腕を伸ばして、右上をまっすぐに指さします。左手は腰に当てます。

3 ♪さかなたちが

2の最後のポーズから肘を曲げ胸の前へ、次にもう一度肘を伸ばして右上を指さします。

4 ♪
きみをまっているんだ
2から**3**までの手の動作を反対の手で行います。

5 ♪
さあ　でかけよう　あのみどりのもりまで
みたことのない　とりたちが　きみをまっている
1から**4**までと同様にします。

6 ♪
さあさ　いこう
（オー！）

「♪さあさ」で次の動きの準備をし、かけっこをするときのように両腕を振りながら右へ3回ジャンプし、「オー！」のかけ声とともに両手両足を開いて止まります。

7 ♪
きみもいっしょに

右手の肘を曲げて外に張りながら、右足と同時に外から内へぐるっと動かします。左手と左足でも同様にしたあと、広げた足を閉じるように右左と片足ずつまん中へ。同時に手も片手ずつ外から内へ肘を折り畳むようにして、肘を張ります。上下に振りながら4回ジャンプします。

8 ♪
さあさ　いこう（オー！）
ぼくといっしょに

6から7までの動作を反対方向で行います。

9 ♪ 2回
さあ　でかけよう
あのみどりの
のはらへ
みたことのない
はなたちが
きみをまっているんだ

1から4までと同様にします。

10 ♪
さあ　みつめよう
あのきれいな
ほしぞら
みたことのない
ほしたちが
きみをみている

1から4までと同様にします。

11 ♪
さあさ　いこう
（オー！）
きみもいっしょに
さあさ　いこう
（オー！）
ぼくと
いっしょに

6から8までと同様にします。

12♪

さあさ　いこう
（オー！）
きみもいっしょに
さあさ　いこう
（オー！）
ぼくといっしょに
きみもいっしょに

6から8までと同様にしたあと、
7の動作を左方向から行います。

い
こ
う
オー！
ピョン
ピョン
ピョン
きみも
いっしょに
〜
ピョン
ピョン
ピョン
ピョン

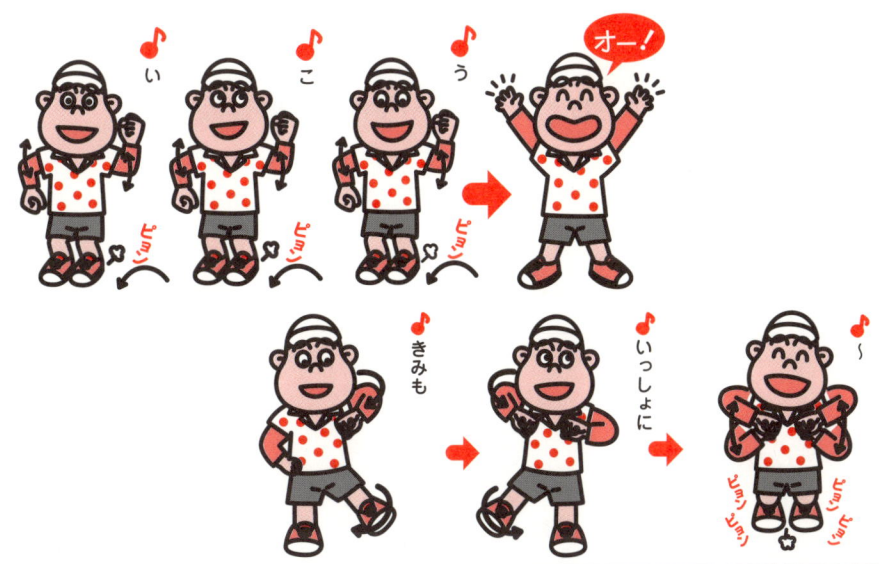

ぼくといっしょに

作詞・作曲／谷口國博　編曲／本田洋一郎

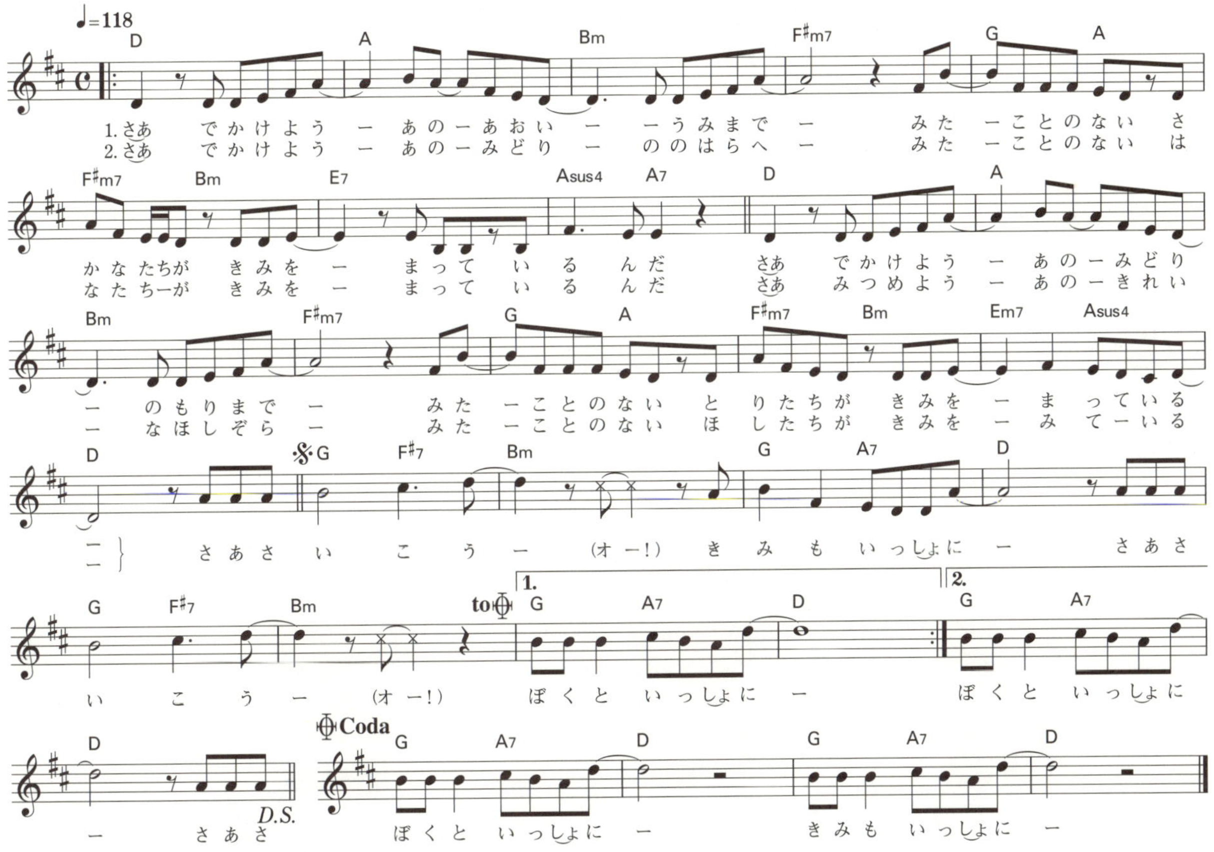

♩=118
D A Bm F#m7 G A
1. さあ　でかけよう　ー　あのーあおい　ー　ーうみまで　ー　みた　ーことのない　さ
2. さあ　でかけよう　ー　あのーみどり　ー　ののはらへ　ー　みた　ーことのない　は
F#m7 Bm E7 Asus4 A7 D A
かなたちが　きみを　ー　まって　いる　んだ　さあ　でかけよう　ー　あのーみどり
なたちーが　きみを　ー　まって　いる　んだ　さあ　みつめよう　ー　あのーきれい
Bm F#m7 G A F#m7 Bm Em7 Asus4
ー　のもりまで　ー　みた　ーことのない　と　りたちが　きみを　ー　まっている
ー　なほしぞら　ー　みた　ーことのない　ほ　したちが　きみを　ー　みてーいる
D G F#7 Bm G A7 D
ー　さあさ　いこう　ー　（オー！）　きみも　いっしょに　ー　さあさ
G F#7 Bm to Coda 1. G A7 D 2. G A7
いこう　ー　（オー！）　ぼくと　いっしょに　ー　ぼくと　いっしょに
D Coda G A7 D G A7 D
ー　さあさ　D.S.　ぼくと　いっしょに　ー　きみも　いっしょに　ー

 **あそびうた**

マジカルミラクル

この歌に出てくる「靴」は、とっても不思議。履いたら、ウサギや忍者、ロボットに変身できるんだって！「♪マジカルミラクルくるっくる」と愉快な音楽に合わせて、変身ごっこの気分で楽しみましょう。

1 ♪
マジカルミラクル

左手を腰に当て、リズムに合わせて体を右・左に振りながら踊ります。右手の親指と人さし指で輪を作り、「マジカル」で下に、「ミラクル」で上に動かします。

2 ♪
くるっくる

体を右・左に振りながら、右手を頭の横で大きく2回、上下に動かします。

3 ♪
**マジカルミラクル
くるっくる**

1から**2**までと同様にします。

4 ♪ ふしぎなくつが

体をやや左に向けて、リズムに合わせて両手と右足を2回上下させます。

5 ♪ あったのさ

体をやや右に向けて、4の要領で両手と左足を2回上下させます。

6 ♪ ウサギマークのこんなくつ

4から5までと同様にします。

7 ♪ ちょっとはいてみたならば

両手をグーにして考えるようなポーズをしながら、右足・左足の順に足踏みを4回します。

8 ♪ サイズはぴったり

左手を腰に当て、「サイズは」で右腕をぐるりと大きく回し、「ぴったり」で親指と人さし指で輪を作って顔の横に出します。

9 ♪ バッチグー

右手は8の位置のまま、「♪バッチ」で顔を左に向け、「♪グー」で正面を向きながら右手を前に出します。

10 ♪ あらあらふしぎ あらあらふしぎ

ウサギに変身したつもりで、頭の横で両手をパタパタさせながら、「♪あらあら」で右に、「♪ふしぎ」で左に動きます。

11 ♪ こんなふうに なっちゃった

両手をパタパタさせながらその場で1周したあと、「あれあれ?」という表情で片足を上げ、両手を顔の横でパーにして止まります。

【2番以降】
1から9までは1番と同様にします。10以降は歌詞に合わせたキャラクターに変身したつもりで踊りましょう。

12 ♪ 2番 あらあら……なっちゃった

忍者に変身したつもりで!

13 ♪ 3番 あらあら……なっちゃった

ロボットに変身したつもりで!

14 ♪ 4番
あらあら……なっちゃった

飛行機など、好きなものに変身したつもりで！

※ 6の歌詞を「♪ひこうきマークのこんなくつ」など、自由に替えてうたいましょう。

15 ♪
マジカルミラクル
くるっくる
マジカルミラクル
くるっくる

1から2までの動作を2回繰り返します。

マジカルミラクル

作詞／谷口國博　作曲・編曲／本田洋一郎

あそびうた

さんかくおばけ

おばけが出てくるちょっぴり怖い歌ですが、みんなで踊ったら、楽しい気分になれるはず！「♪いちにのさん（きゃあー）」のところをゲーム形式にして盛り上がりましょう。

1 ♪ 〈1回目〉
うわさの

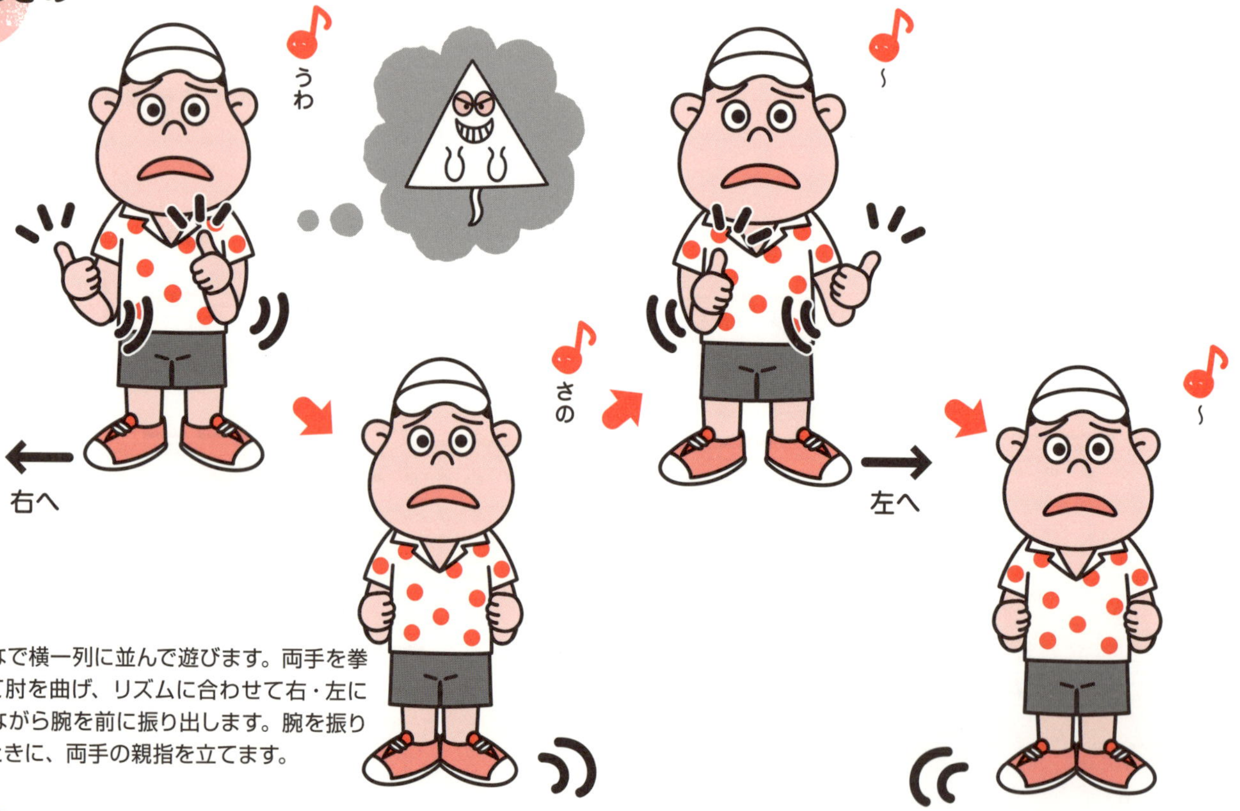

うわ　　　　　　　さの

右へ　　　　　　　　　　　　　　　　　　　　左へ

みんなで横一列に並んで遊びます。両手を拳にして肘を曲げ、リズムに合わせて右・左に動きながら腕を前に振り出します。腕を振り出すときに、両手の親指を立てます。

2 ♪
さんかくおばけが
ぼくのうちに いるみたい
うそかほんとか うたがってるなら
いちどきてみたら？

1の動作を繰り返します。

3 ♪ ぷるぷる ぷるぷる

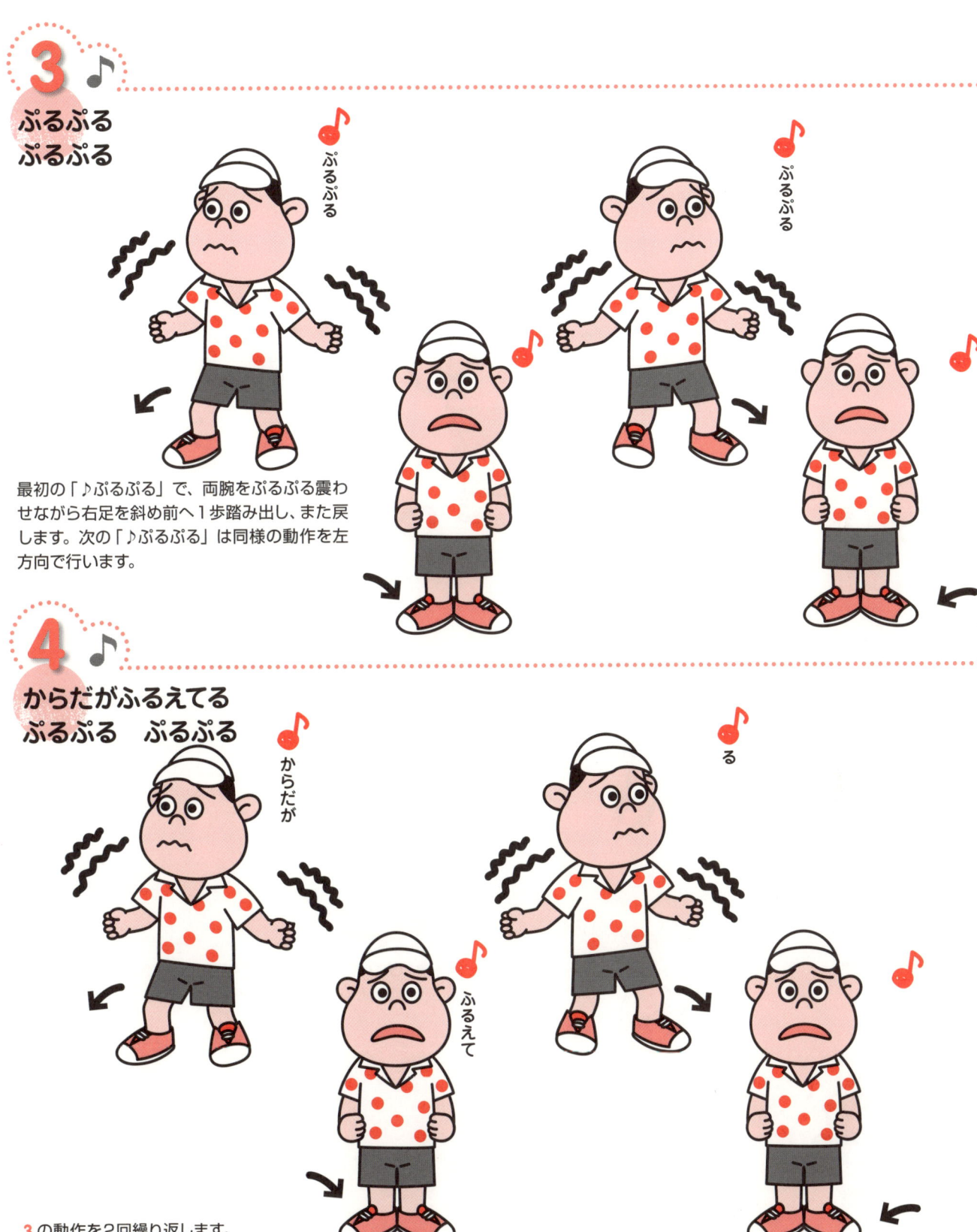

最初の「♪ぷるぷる」で、両腕をぷるぷる震わせながら右足を斜め前へ1歩踏み出し、また戻します。次の「♪ぷるぷる」は同様の動作を左方向で行います。

4 ♪ からだがふるえてる ぷるぷる ぷるぷる

3の動作を2回繰り返します。

5 ♪ みぎむいて ひだりむいて

両手の指先をだらりとさせておばけのポーズをし、「♪みぎむいて」でジャンプしながら右を、「♪ひだりむいて」で同様に左を向きます。

6 ♪ いちにの

両手を体の横に下ろして、その場で軽く2回跳びます。

7 ♪ さん（きゃあー）

右か左の好きな方向を向いて、おばけのポーズで止まります。「隣の友達と向かい合ったら負け」というルールにして、向かい合ってしまった場合は、その場に座ります。

2回目以降
歌のテンポを速くしたり遅くしたりしながら繰り返しましょう。全員が座ってしまったら終わりにします。

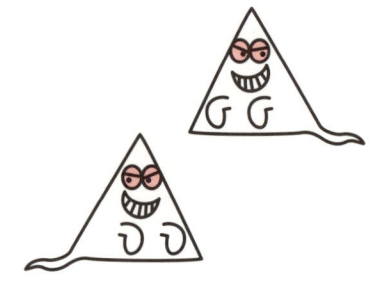

さんかくおばけ

作詞・作曲／谷口國博　編曲／本田洋一郎

あそびうた
みんなでうたおうバビデブー

愉快なおまじないの言葉"バビデブー"がなん回も出てくる、とっても楽しい歌です。陽気なリズムに合わせて、常夏の島にいるような気分で踊りましょう！

---

1 ♪
ボンバーボンバー×4
（ボンバー ボンバー×4）

「♪ボンバー ボンバー」でリズムに合わせて足踏みをしながら両手を上げて揺らし、次の「♪ボンバー ボンバー」でひざを両手で2回たたきます。同様の動作を4回繰り返します。

---

2 ♪
ボバンボ バンボン
バンボボン ボンボ
ボバンボ バンボン
バンボボン

「♪ボバンボ バンボン」で右へ1歩進みながら両手を広げて揺らし、「♪バンボボン ボンボ」でまっすぐに立ちます。同様の動作をもう一度繰り返します。

3 ♪
（ボバンボ バンボン…
…バンボボン）

2と同様の動作で、左方向へ進みます。

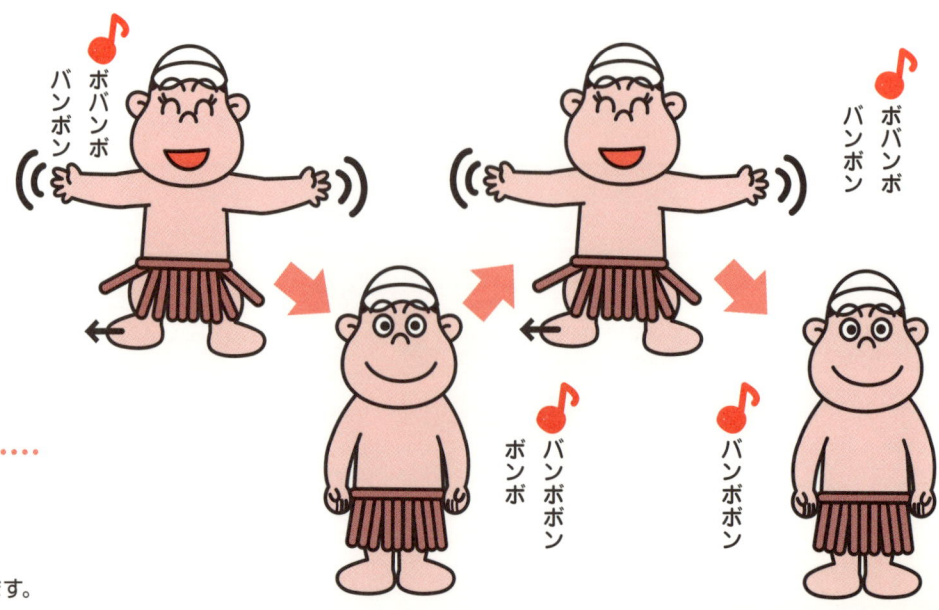

4 ♪
みんなでうたおうバビデブー
（みんなでうたおうバビデブー）

「♪みんなでうたおう」で両手で"かいぐり"をし、「♪バビデブー」で両手の手のひらを上に向けて、右方向を向いて、手を引くように2回動かします。同様の動作を左方向でも繰り返します。

5 ♪
ぼくといっしょに バビデブー
（ぼくといっしょに バビデブー）

4 と同様にします。

6 ♪

みんなでうたおうバビデブー
（みんなでうたおうバビデブー）

4 と同様の動作で、「♪バビデブー」のときに右足を1歩外へ踏み出します。同様の動作を左方向でも繰り返します。

7 ♪
ぼくといっしょに バビデブー
（ぼくといっしょにバビデブー）

6 と同様にします。

8 ♪

あおいあおいうみで ちゃぷちゃぷ およいじゃおう

「♪あおいあおい…およい」までは、体を右に向けて足踏みをしながら、両手を広げて手首から先をパタパタします。「♪じゃおう」で正面を向き、両手を体の前でパチンと合わせます。

9 ♪
ちゃぷちゃぷ およいだら きぶんもハレルヤ

8 の動作を左方向で行います。

10 ♪
あおいあおいうみの さかなたちも ぼくたちにさそわれて

足踏みをしながら、両手を頭の上で重ねて、「おいでおいで」をするように動かします。

11 ♪ ちゃぷちゃぷ およいでる

「♪ちゃぷちゃぷ」で右足を1歩外へ踏み出しながら、右手をぐるりと回して手のひらを上に向けて止めます。「♪およいでる」は同様の動作を左方向で行います。

12 ♪ （4呼間）

リズムに合わせて軽くジャンプしながら、最初の3拍で両手を11の状態から少しずつ上げ、4拍目でパチンと合わせます。

13 ♪ ボバンボ バンボン… 繰り返し

2から12までと同様にします。

14 ♪
ボバンボ バンボン
バンボボン ボンボ
ボバンボ バンボン
バンボボン
（ボバンボ
バンボン…
…バンボボン）

2から3までと同様にします。

15 ♪
ボバンボ バンボン バンボボン ボンボ
ボバンボ バンボン バンボボン ］×2

2から3までと同様にし、最後の「♪ボバンボバンボン バンボボン」のあと、イラストのように両手両足を開いて止まります。

キメのポーズ！

みんなでうたおうバビデブー

作詞・作曲／谷口國博　編曲／本田洋一郎

むしめがね

あそびうた

子どもたちは昆虫が大好き。でも、虫眼鏡でじっくり見てみたら…。ギラギラした目、大きな口、たくさん生えた足…、ちょっぴり怖くてびっくり!? そんな虫たちの姿をジェスチャーで表現してみましょう。

1 ♪ 1番
むしめがね

リズムに合わせて、右・左に虫眼鏡をのぞくようにします。

2 ♪
むしめがね むしめがねで

1の動作を繰り返します。

3 ♪
とんぼのかおをみた

両手をトンボの羽のように上下に動かします。両足は、リズムに合わせてかかとを上げ下げします。

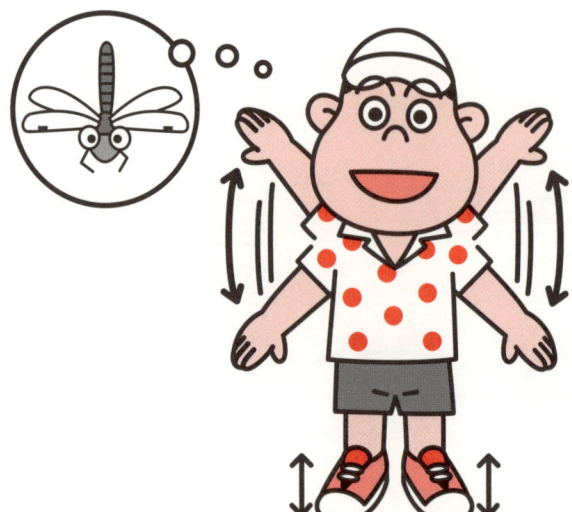

4 ♪ めがギラギラ

親指と人さし指で輪を作り、目もとで揺らします。

5 ♪ こわいこわい

両手を胸に当てて、ブルッブルッとリズムに合わせて震える動作をします。

6 ♪ （こわいこわい）

5と同様にします。

7 ♪ **2番** むしめがね むしめがね むしめがねで とんぼのかおをみた

1から3までと同様にします。

8 ♪ はがカチカチ

パーにした両手を口もとで上下に動かします。

9 ♪ こわいこわい（こわいこわい）

5から6の動作を繰り返します。

10 ♪ 3番

むしめがね
むしめがね
むしめがねで
とんぼのあしをみた

1から3までと同様にします。

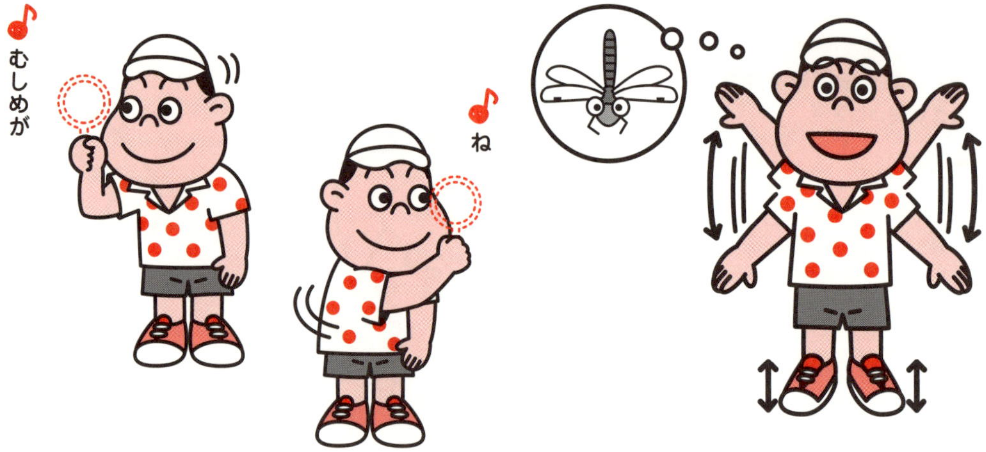

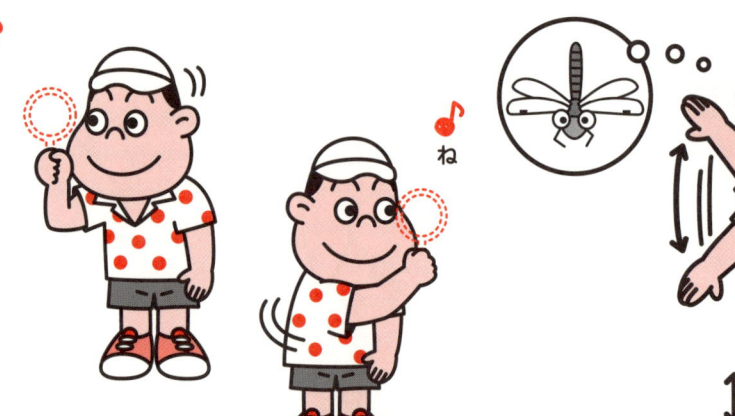

11 ♪

あしがろっぽん

「♪あしが」でパーにした両手を体の前ですれ違うように動かします。「♪ろっぽん」は両手の上下を入れ替えて同様にします。

12 ♪

こわいこわい
（こわいこわい）

5から6の動作を繰り返します。

13 ♪ 4番

むしめがね　むしめがね
むしめがねで

1から2までと同様にします。

14♪ ありさんのかおをみた

両手の人さし指を頭の横で触角のように立てて、ツンツンと動かします。両足は、リズムに合わせてかかとを上げ下げします。

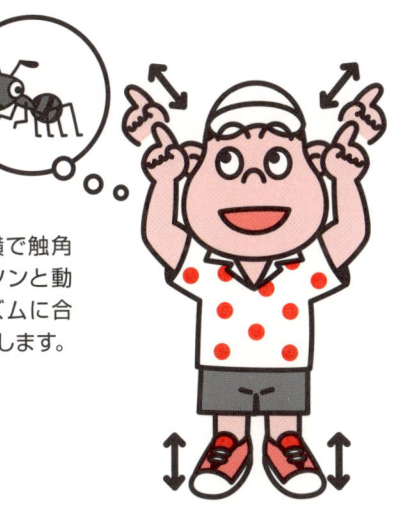

15♪ ぜんぶくろくて

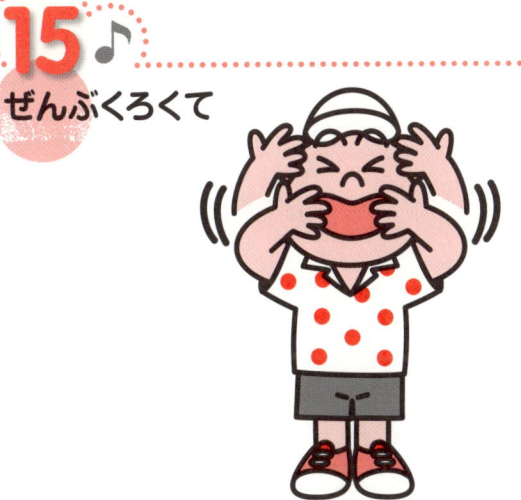

顔全体をなで回すように両手を動かします。

16♪ こわいこわい（こわいこわい）

5 の動作を繰り返します。
このほか、歌詞をいろいろな虫に替えて遊びましょう。

むしめがね

作詞・作曲／谷口國博　編曲／本田洋一郎

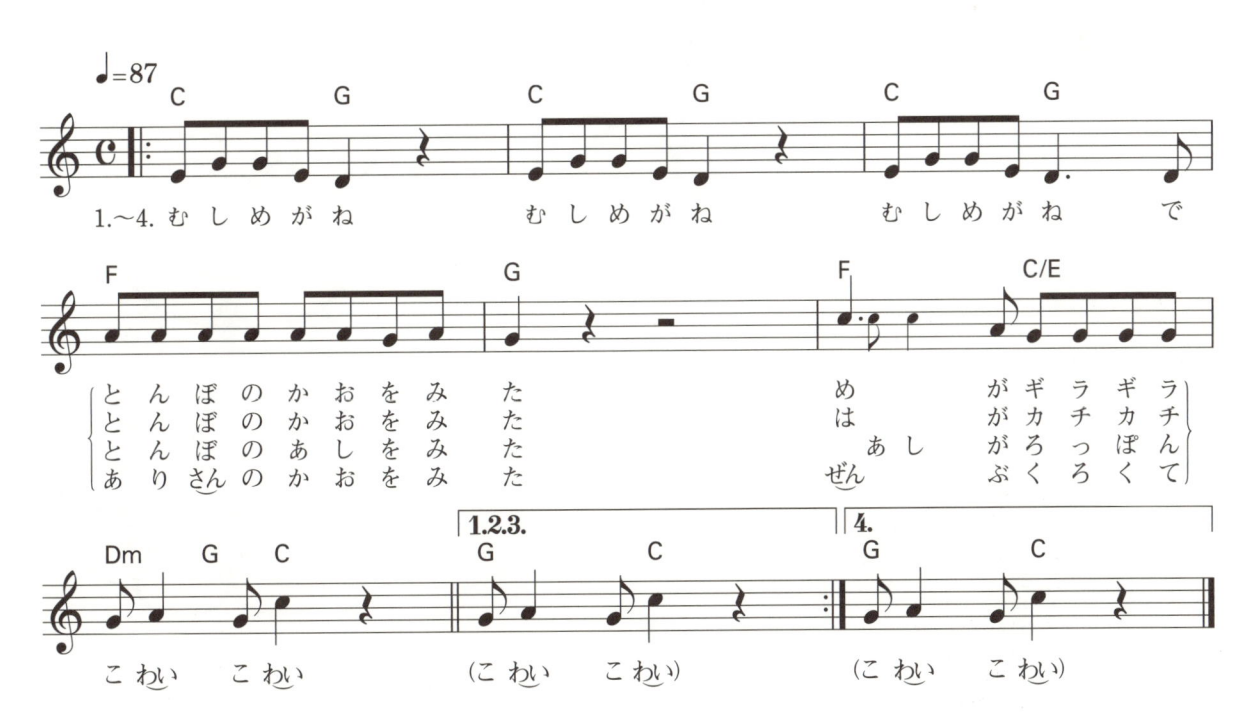

とんとんとんとん おかあさん

あそびうた

いつも大忙しのお母さん。料理や洗濯をしてひと休み…。と思ったら、お客さんが！ フル回転で働くお母さんになったつもりで、しぐさ遊びを楽しみましょう。「♪はい」のところでは、すばやく立てるかな？

1 ♪
とんとんとんとん
おりょうりつくって

床に座って遊びます。片方の手をまな板に、もう片方の手を包丁に見立て、リズムに合わせて切るしぐさを繰り返します。

2 ♪
ぱっぱっぱっぱっ
せんたくたたみ

座ったまま、リズムに合わせて両手を合わせたり開いたりする動作を繰り返します。

3 ♪
ひといきついたら
おきゃくさん

座ったまま、お茶を飲むしぐさをします。

4 ♪ はい

座った姿勢から、跳んで立ち上がります。

[バリエーション]
「立ち上がったとき、ふらふらしないで立っていられたら勝ち」などのルールを作っても盛り上がります。硬い床の上などは避けて、安全に注意しながら遊びましょう。

とんとんとんとんおかあさん

作詞・作曲／谷口國博　編曲／本田洋一郎

(2回目は♩=180、3回目は♩=210など、速さを変えて自由に繰り返しましょう)

♩=150　♫=³♩♪

Dm
とん　とん　とん　とん　おりょうりつくって

Dm
ぱっ　ぱっ　ぱっ　ぱっ　せん　たくたたみ

Dm
ひとい　きついたら

Dm
おきゃくさん　はい

あそびうた

へびにゃりよ

この歌に出てくるへびは、とってもいたずらっ子。公園の鉄棒やぶらんこに化けて、みんなを驚かせようとしているんだって！　クネクネした動作を楽しみながら、全身を思い切り動かして踊りましょう。

1 ♪ 1番
いたずらへびが やってくる

体を右に向けた状態から、「♪いた」「♪ずら」「♪へ」「♪びが」「♪やっ」「♪てく」「♪る」「♪〜」のリズムに合わせて両手を大きく上下に振りながら、徐々に左へ回っていきます。8拍目で両手をパチンと合わせます。

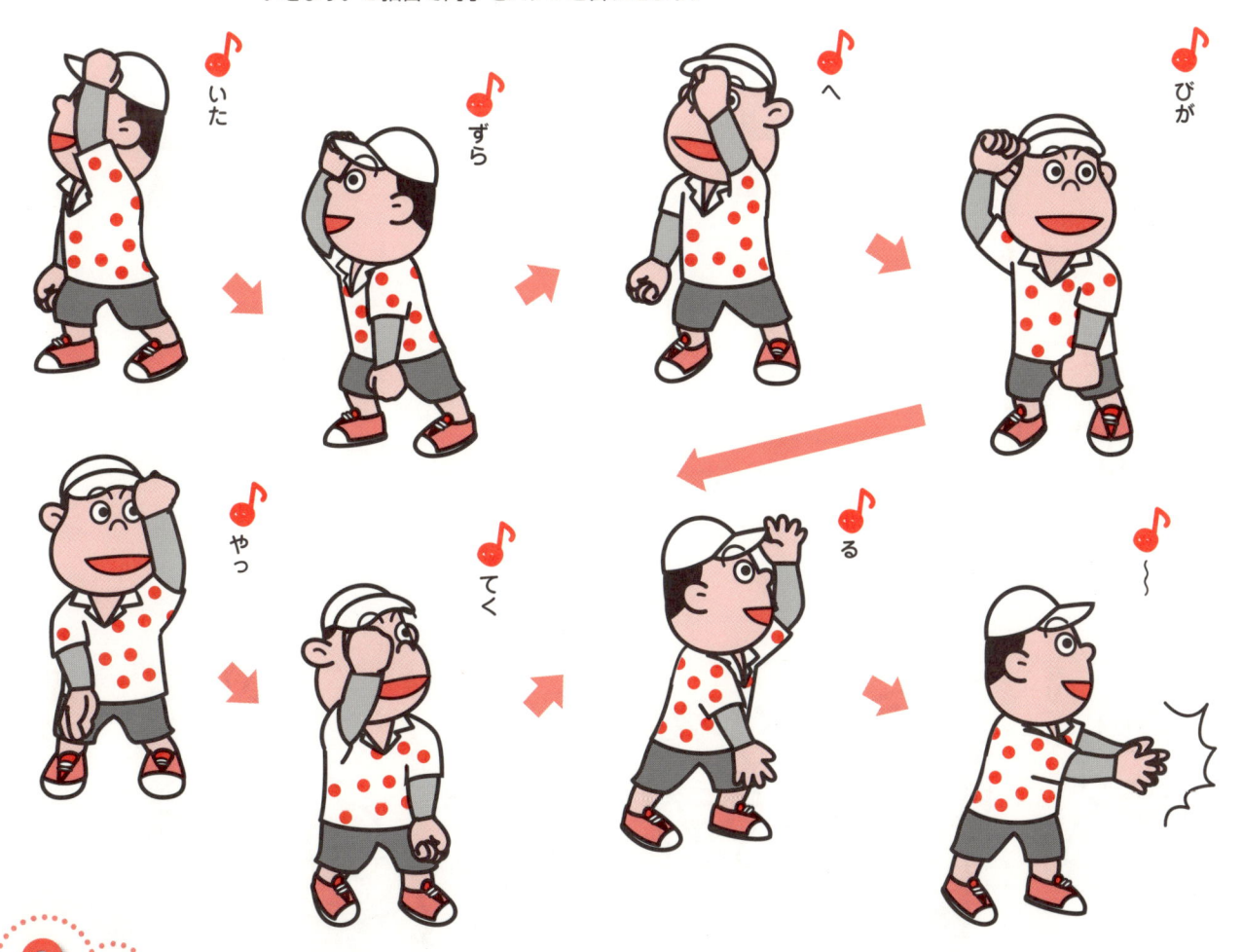

♪いた → ♪ずら → ♪へ → ♪びが
♪やっ → ♪てく → ♪る → ♪〜

2 ♪
きみのまちにも やってくる

1の動作を反対方向で行います。

3 ♪ きっときっときっとそれは

「♪きっときっと」で右手、左手の順に前を指さします。
「♪きっとそれは」で、両手の人さし指を立てて顔の横でぐるぐる回したあと、両手で前を指さします。

4 ♪ ともだちになりたい へびにゃりよ

「♪ともだちになりたい」で右手、左手の順に手を上げて顔の前でパチンと合わせます。

「♪へびにゃりよ」で、合わせた両手をクネクネと動かしながらしゃがみ、「♪よ〜」でそのまま両手を斜め上に伸ばして立ち上がり、片足立ちで止まります。

5 ♪
いつもいつもの こうえんで

右足を1歩外に踏み出しながら、右手を回すように出します。この動作を、「♪いつも」「♪いつもの」「♪こうえん」「♪で」のリズムに合わせて4回繰り返します。

6 ♪
てつぼうに のろうとしたら

5の動作を反対方向で行います。

7 ♪
てつぼうが ふにゃりとまがり

5の動作を、右方向に2回、左方向に2回行います。

8 ♪
つかんだものは へびにゃりよ〜

4と同様にします。

9 ♪ へびは わらって おおわらい

右を向き、その場でかけ足をするように足踏みをしながら、手のひらを合わせたまま両手を伸ばしたり縮めたりします。

10 ♪ ぼくに むかって こういった

9の動作を反対方向で行います。

11 ♪ これは へびにゃり へびにゃりよ〜 これは へびにゃり へびにゃりよ〜 ハ〜

3の動作を2回繰り返します。

×2

12 ♪ 【2番】 いたずらへびが… …へびにゃりよ〜 ハ〜

1から11までと同様にします。

13 ♪ 【3番】 いたずらへびが… …へびにゃりよ〜 ハ〜 （へびにゃりよ〜）

1から11までと同様にし、「♪ハ〜」でイラストのように両手を広げてその場を1周し、4の「♪へびにゃりよ」のポーズで止まります。

はたらきもののおじいさん

あそびうた

とっても働き者のおじいさんは、しば刈り、まき割り、川で洗濯と、いつも大忙し！昔話の世界にいるような気分で楽しみましょう。

1 ♪ 1番

せい！ せい！
せい！ せい！ せい！

両手を拳にして斜め下に振り下ろす（A）、拳を突き出す（B）、拳を両脇に構える（C）の3つの動作を、A→B→C→B→A→B→Cの順番に繰り返します。8拍目で、右の拳を上げます。

2 ♪
せい！ せい！ せい！ せい！ せい！

1と同様にします。

3 ♪ むかしむかしのそのむかし

（1〜3回目）

♪ むかしむかしのそのむかし

両足を屈伸しながら両手でかいぐりをする動作を3回繰り返し、

（4回目）

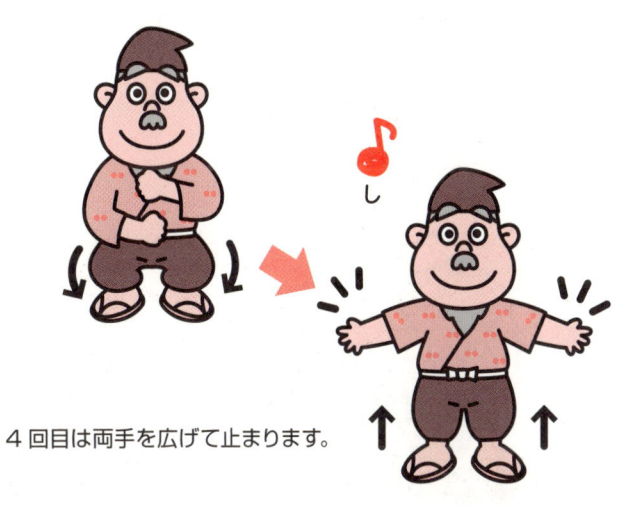

♪ し

4回目は両手を広げて止まります。

4 ♪ やまにおじいさんがおりました

（1〜3回目）

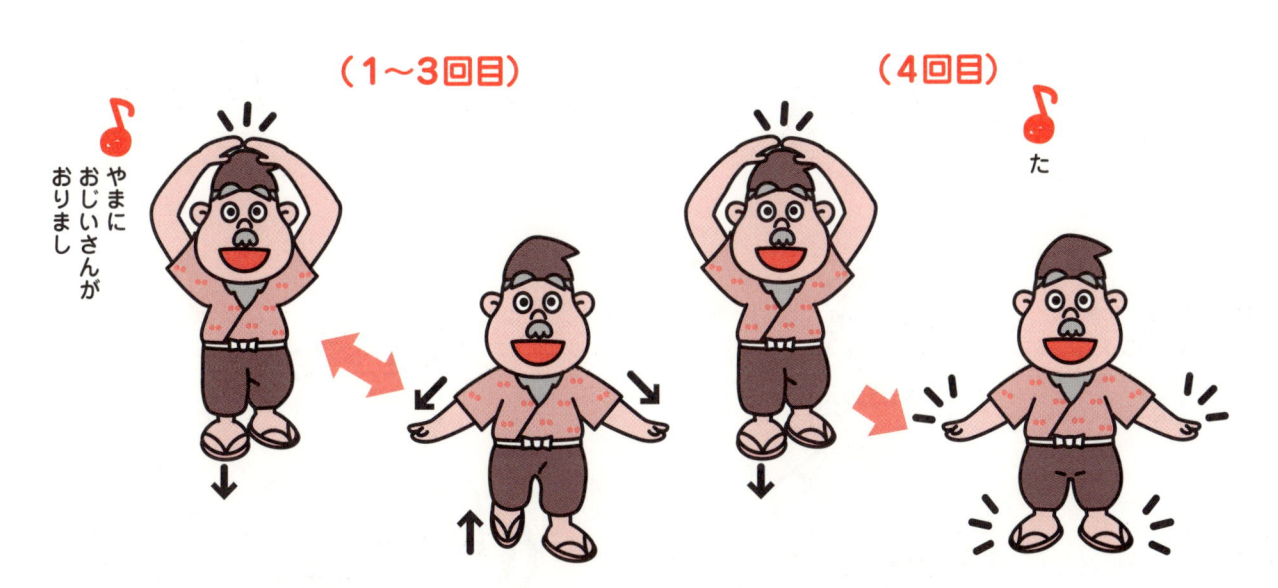

♪ やまにおじいさんがおりまし

頭の上で両手を山の形にしながら右足を前に踏み出す動作と、両手を斜め下に振り下ろしながら右足を後ろに戻す動作を3回繰り返します。

（4回目）

♪ た

4回目は、両手を振り下ろして止まります。

5 はたらきものの おじいさん

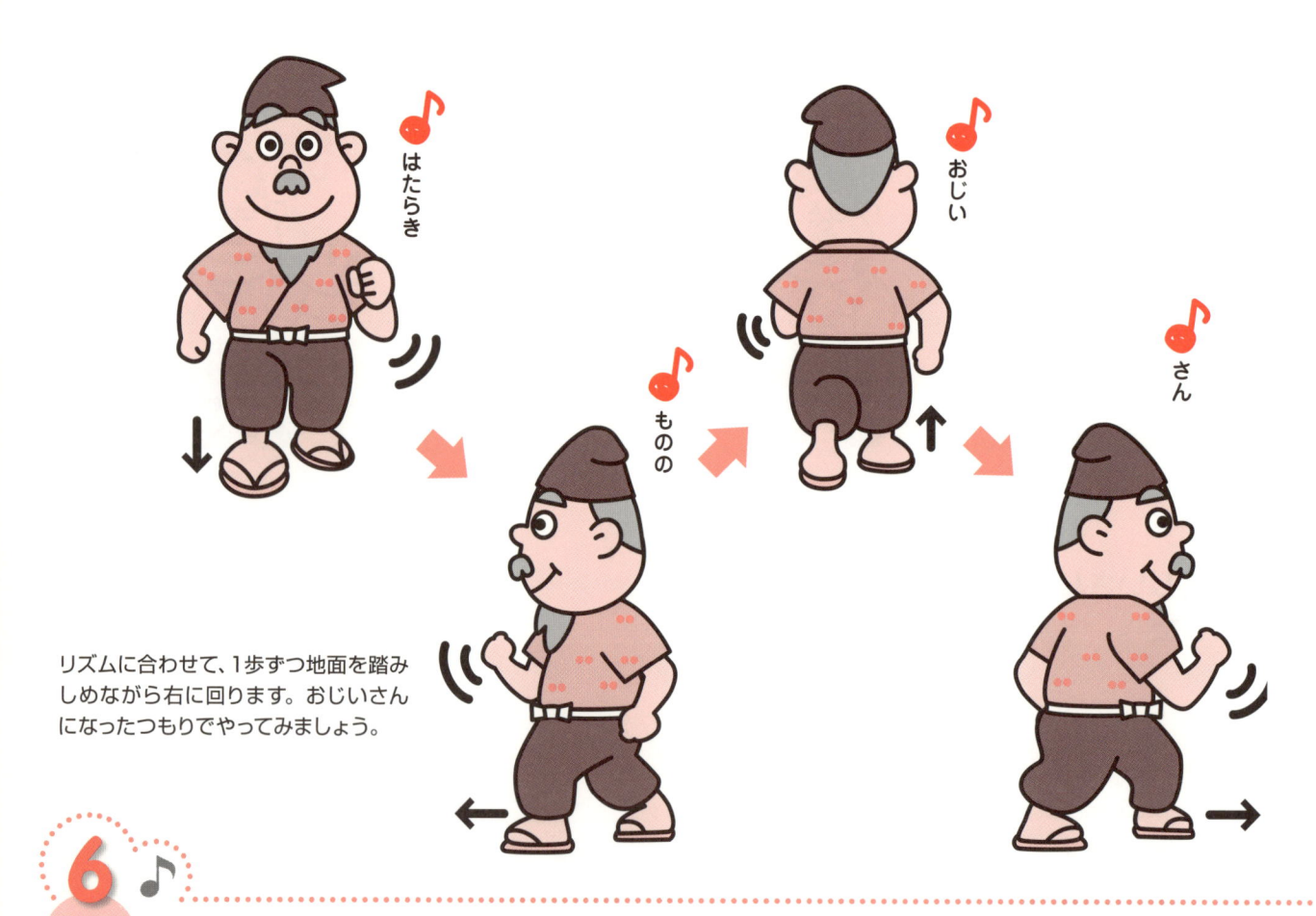

♪はたらき ♪おじい ♪ものの ♪さん

リズムに合わせて、1歩ずつ地面を踏みしめながら右に回ります。おじいさんになったつもりでやってみましょう。

6 しばかりばかりを やっていた

「♪しばかり」「♪ばかりを」「♪やってい」「♪た」のリズムに合わせて、腕を振りながら、右足と左足を交互に踏み出します。

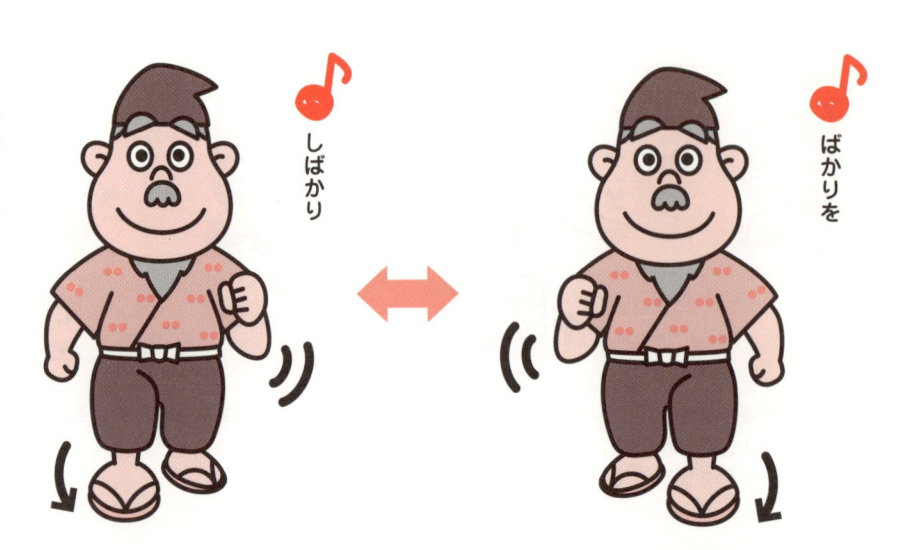

♪しばかり ♪ばかりを

7

すわってひろって
すわってひろって
よいしょよいしょと
かついでた

「♪すわってひろって」「♪すわってひろって」…のリズムに合わせて、腕を振り出しながら左右にしゃがむしぐさを繰り返します。

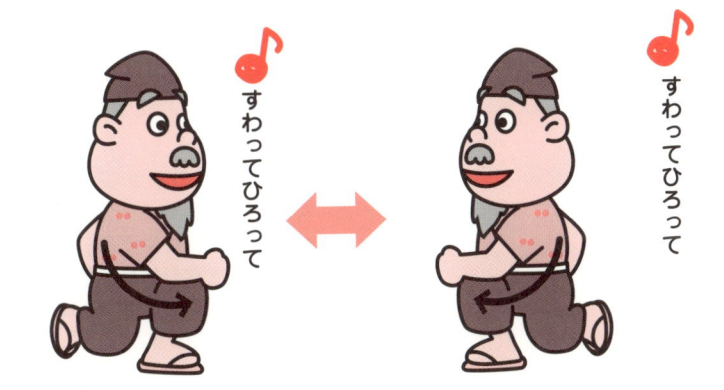

8 2番

せい！ せい！…
…まきわりばかりをやっていた

1から6までと同様にします。

9

ふりあげおとして
ふりあげおとして
よいしょよいしょと
かついでた

「♪ふりあげ」「♪おとして」「♪ふりあげ」「♪おとして」…のリズムに合わせて、おのを振り下ろしてまきを割るしぐさを繰り返します。

10 3番

せい！ せい！…
…せんたくばかりをやっていた

1から6までと同様にします。

11

あしをひろげて
かわでじゃぶじゃぶ
よいしょよいしょと
かついでた

「♪あしを」「♪ひろげて」「♪かわで」「♪じゃぶじゃぶ」…のリズムに合わせて、洗濯物を川に入れて洗うしぐさを繰り返します。

12 ♪ 【4番】
せい！ せい！…
…いつもおさけをのんでいた

1から6までと同様にします。

13 ♪
とっくりひゃっくり
とっくりひゃっくり
いつのまにか
ねむってた

「♪とっくり」「♪ひゃっくり」「♪とっくり」「♪ひゃっくり」…のリズムに合わせて、片手でおちょこを持ってお酒を飲むしぐさを繰り返します。「♪ねむってた」で、眠っているポーズをします。

14 ♪ 【5番】
せい！ せい！…
…くまおいばかりをやっていた

1から6までと同様にします。

15 ♪
てっぽうかついで
ばばんとうったが

「♪てっぽうかついで」で鉄砲を構えるしぐさをし、「♪ばばんとうったが」で撃つまねをします。

16 ♪
くまがおこってついてきた

両手を顔の横に上げて、両足を大きく開いて跳ねながら、驚いたしぐさをします。

[最後]

頭の上で両手を合わせてその場を一周し、おじぎをしてまっすぐ立って止まります。

はたらきもののおじいさん

作詞・作曲／谷口國博　編曲／本田洋一郎

1.〜5. せい！ せい！ せい！せい！せい！ せい！ せい！ せい！せい！せい！

む か し む か し の そ の む か し や ま に お じ い さ ん が

お り ま し た は た ら き も の の お じ い さ ん

（第4段 縦書き歌詞、右から左へ）

しませんく
ばきん一ま
かわたつお
りりくもい
かかかさか
ばばばおば
りりりけり
ををををを
ややっんや
やややのっ
ててててて
いいいいい
たたたたた
ててて
いいい
すふぁあとて
わりーっっ
っあしくぽ
てげをりう
ひおひゃか
ろとろっつ
ててりで
っしげくい

（第5段 縦書き歌詞）

すふかとば
わりーっぱ
っあわくん
てげでりと
ひおじゃひ
ろとぶっっ
てしゃくた
てぶりが
よよいく
よよいい
いいつま
ししょのが
ょょしおい
とととかて
っしょにっ
かかかねつ
つつむい
いいいって
ででできい
たたたたた

39

あそびうた 魔法のシャンプー

「魔法のシャンプー」をつけて洗うと、いろいろな物に変身!? 毎日のお風呂の時間に、おうちの人といっしょにうたっても楽しめます。

1 ♪ 1番

ゴシゴシゴシゴシ　まほうのシャンプー

リズムに合わせて、両手でシャンプーをするしぐさを繰り返します。

2 ♪
つけてあらうと

リズムに合わせて、片手でシャンプーを頭につけるしぐさをします。

3 ♪
ライオンです

両手を顔の横で広げてたてがみにして、ライオンのポーズをします。

4 ♪ 2番
ゴシゴシゴシゴシ まほうのシャンプー

1と同様にします。

5 ♪
つけてあらうと

2と同様にします。

6 ♪
ニワトリです

片手をとさか、片手をくちばしにしてにわとりのポーズをします。

7 ♪ 3番
**ゴシゴシゴシゴシ
まほうのシャンプー
つけてあらうと**

1から2までと同様にします。

8 ♪
ちょんまげです

片手を頭の上に伸ばして、ちょんまげのポーズをします。

9 ♪ 4番
**ゴシゴシゴシゴシ
まほうのシャンプー
つけてあらうと**

1から2までと同様にします。

10 ♪
クワガタです

頭の横で両手を使ってはさみを表現し、くわがたむしのポーズをします。

[バリエーション]

自由にモチーフを替えて遊びましょう。

アイスクリームです

うちゅうじんです

魔法のシャンプー

作詞・作曲／谷口國博　編曲／本田洋一郎

♩=85

1.～4. ゴシゴシゴシゴシ　まほうのシャンプー　つけてあらうと

1. ライオンです
2. ニワトリです
3. ちょうちょです
4. クワガタです

あそびうた

中華中華

♪ みんなが大好きな中華料理！ ぎょーざ、しょうろんぽう、えびちりなど、おいしそうな料理を思い浮かべながら、しぐさ遊びを楽しみましょう。

1 ♪ 1番
ちゅうか　ちゅうか

♪ちゅ　　♪ちゅう
♪うか　　♪か

両腕を組みながら、上半身を右斜め前へ乗り出すように2回動かします。

2 ♪
ちゅうか　ちゅうか

1の動作を左方向で行います。

3 ♪ きょうのちゅうかは

「♪きょうの」で片手をパーにして上げ、「♪ちゅうかは」で反対の手も同様にします。

♪きょうの

♪ちゅうかは

4 ♪ ぎょーざ

「♪ぎょーざ」で片方の耳を指で軽く押さえてぎょーざの形を作ったあと、片手をグーにして上げます。

♪ぎょーざ

5 ♪ 2番
ちゅうか ちゅうか…
きょうのちゅうかは

1から3までと同様にします。

6 ♪
しょうろんぽう

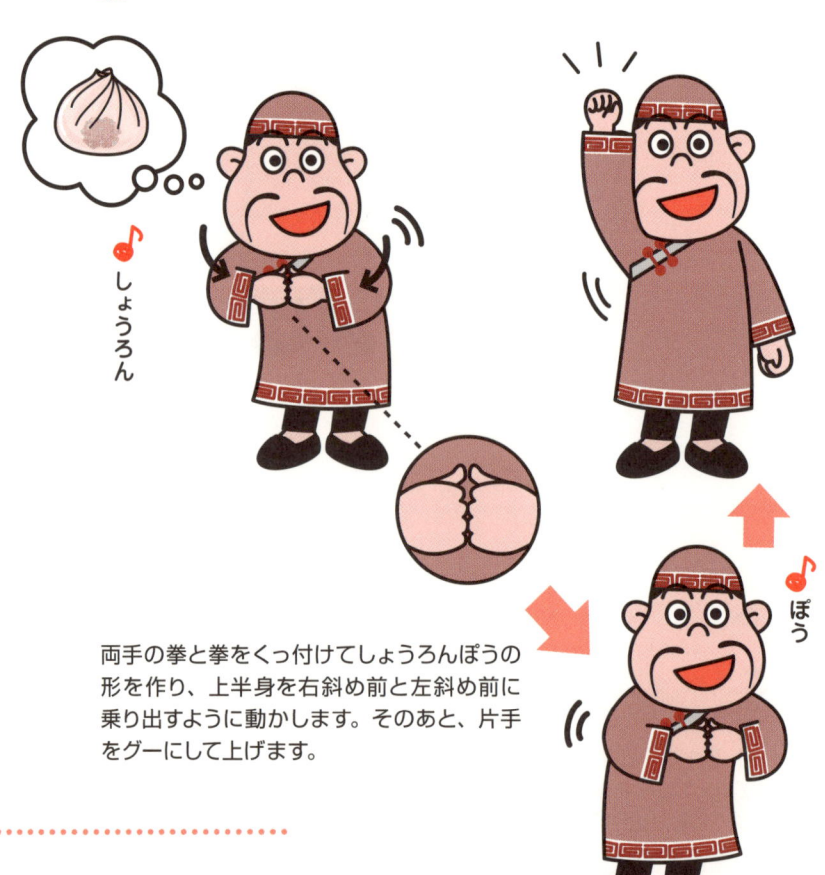

両手の拳と拳をくっ付けてしょうろんぽうの形を作り、上半身を右斜め前と左斜め前に乗り出すように動かします。そのあと、片手をグーにして上げます。

7 ♪ 3番
ちゅうか ちゅうか…
きょうのちゅうかは

1から3までと同様にします。

8 ♪
えびちり

両手の手のひらを上に向け、少し曲げてえびの形を作り、両腕を繰り返し振ります。そのあと、片手をグーにして上げます。

9 ♪ 4番

ちゅうか　ちゅうか…
きょうのちゅうかは

1から**3**までと同様にします。

10 ♪
ふかひれ

♪ふかひれ

両腕を体の前で交差し、両手を
パーにして、魚のひれのように指
先をひらひらと動かします。その
あと、片手をグーにして上げます。

［バリエーション］

「から揚げ」「春巻き」など、自由に歌詞を替えて
楽しみましょう。

中華中華

作詞・作曲／谷口國博　編曲／本田洋一郎

♩=100

1.～4. ちゅうかちゅうか　ちゅうかちゅうか　きょうのちゅうかは
- ぎょーーざ
- しょうろんぽう
- えびちり
- ふかひれ

あそびうた　なにをつくろうか？

友達と協力して、体を使っていろいろな物に変身！
人数を自由に変えて遊びましょう。

1　1番
ちゅちゅんがちゅん
ちゅちゅんがちゅん

「♪ちゅ」「♪ちゅんが」「♪ちゅん」のリズムに合わせて、胸の前で手をたたきます。

2　なにをつくろか？

♪なにを　♪つくろか？

「♪なにを」で両手を広げながら、右足で斜め前に軽く跳ぶように、1歩踏み出します。「♪つくろか？」で姿勢をもとに戻しながら、「♪つ」「♪く」のタイミングで2回手をたたきます。

3　なにができるか？

2と同様の動作を左方向で行います。

♪なにが　♪できるか？

4　なにがみえるか？

2と同様にします。

5 ♪ おたのしみ

「♪おたのし」で、大きな弧を描くように両手を下ろしたあと、「♪み」と同時に腕組みをしながら右足を斜め前に出して、かかとを地面に着けてポーズ。

6 ♪

あ それそれそれ　あ それそれそれ
あ それそれそれ　できたかな？
とうきょうタワー

両腕を伸ばして手のひら同士を合わせて前傾姿勢になり、東京タワーを表現します。

7 ♪ 2番

なにをつくろか？…おたのしみ

2 から 5 までと同様にします。

♪ なにを   ♪ つくろか？   ♪ おたのし   ♪ み "ハイッ"

8 ♪

あ それそれそれ　あ それそれそれ
あ それそれそれ　できたかな？
せんたくき

♪ せんたくき

3人1組で、外側の人が手をつないで輪を作り、中に入った人がぐるぐる回って、洗濯機を表現します。

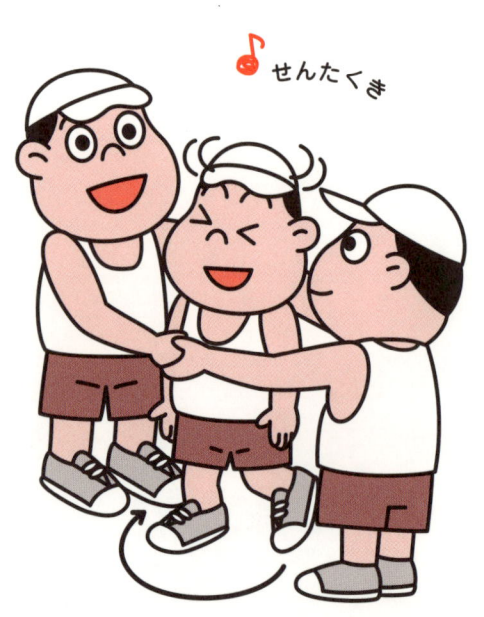

9 ♪ 3番

なにをつくろか？…おたのしみ

2から5までと同様にします。

10 ♪

あ それそれそれ
あ それそれそれ
あ それそれそれ　できたかな？
ひこうき

なん人かで組になり、機体や飛翼を自由に作って飛行機を表現します。

♪ ひこうき

なにをつくろうか？

作詞／谷口國博・島本一男　作曲／谷口國博　編曲／本田洋一郎

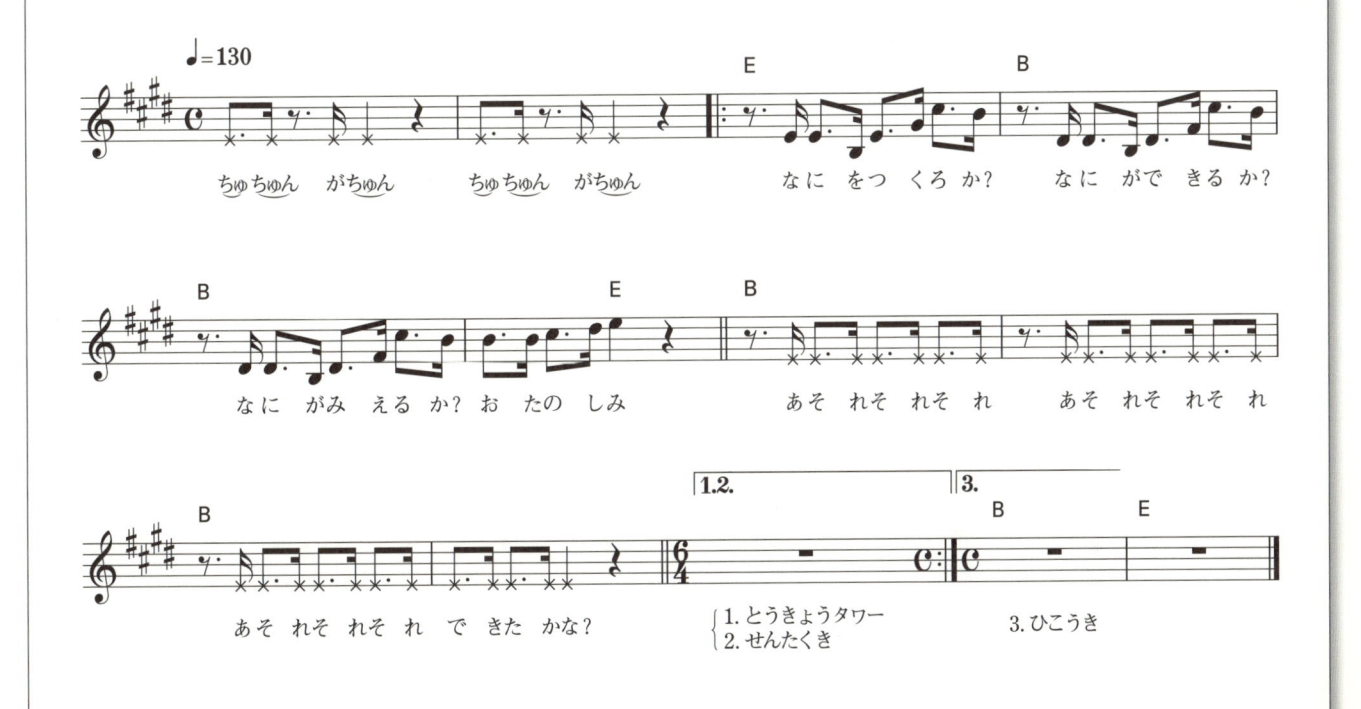

♩=130

ちゅちゅん がちゅん　ちゅちゅん がちゅん　なに をつ くろか？　なに がで きるか？
なに がみ えるか？ お たの しみ　あ それ それそれ　あ それ それそれ
あ それ それそれ で きた かな？

1.2. 1. とうきょうタワー
　　 2. せんたくき
3. 3. ひこうき

卒園児に贈るうた
しあわせなみらいへ

いよいよ卒園の季節。子どもたちに贈るすてきな歌を、弾きやすいピアノアレンジで紹介します。

作詞／谷口國博
作曲・ピアノアレンジ／本田洋一郎

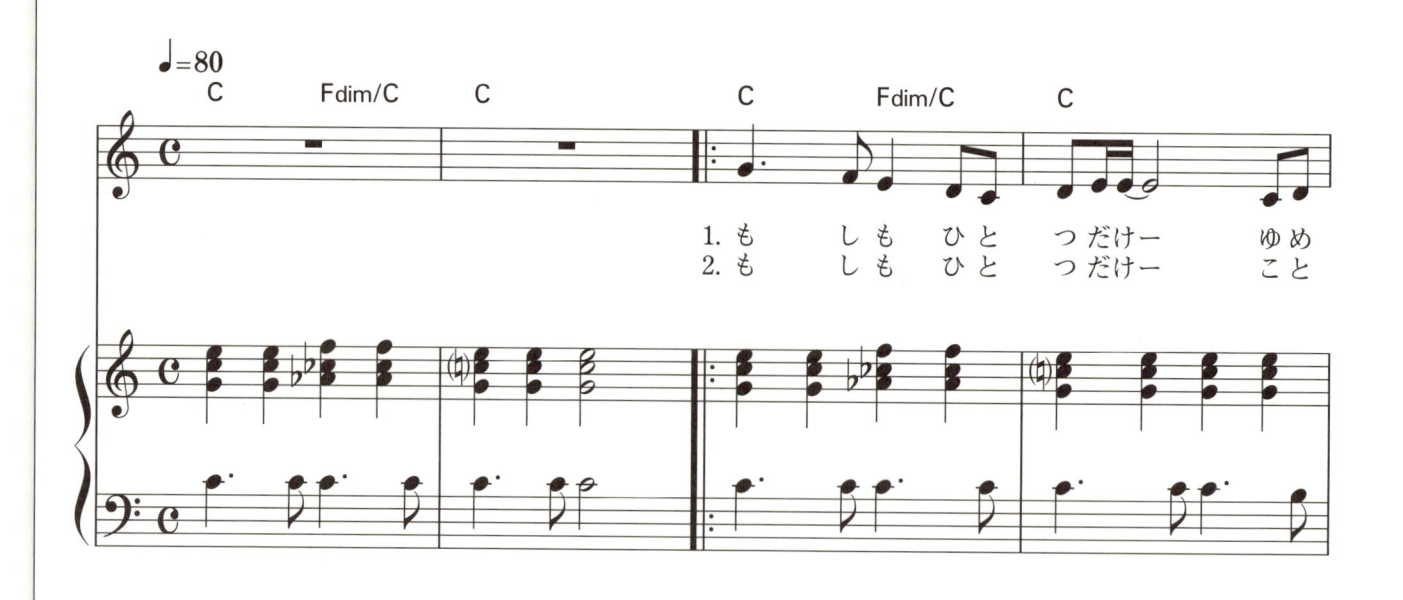

F G7sus4 C Am Am/G D7
を ねがうだろうー みちばたにさくー はなが
ば のこすだろうー よぞらにひかるー ほしが
G C F G E7
ー ゆれてる
ー またたく
しあわせなあしたーへ ぼく

ら　はいく　のさ　ー　ああ　しあわ　せな　みらいへー　わら

っ　ていく　のさ　ー　　　ゆめを　さがしながら　ー

をさがしながら　をさがしながら

D.S.

著者紹介

谷口國博

　東京都の保育園に5年間勤務した後、フリーの創作あそび作家に。全国の保育園や幼稚園での講習会、親子コンサートなどで活躍中。『はしれ！ジャイアント！』(オフィスたにぞう)、『たにぞうの手あわせあそびおねがいします』(チャイルド本社)、絵本『スダジイのなつ』『おじさんとすべりだい』(ひさかたチャイルド)ほか、著書やCDなど多数。NHK教育テレビ「からだであそぼ！」「おかあさんといっしょ！」に楽曲提供。CM「キューピーたらこ」振り付けを担当するなど幅広く活動している。

振付／榎沢りか、笠井ちひろ、松本あき、福田りゅうぞう
表紙写真／長濱周作　表紙イラスト／冬野いちこ
表紙デザイン／檜山由美
本文デザイン／石山悠子
本文イラスト／冬野いちこ
楽譜制作／クラフトーン
編集協力／青木美加子
楽譜校正／高松紫音
編集担当／石山哲郎、飯島玉江

たにぞうのあそびうた HITS on Stage DVD&CD BOOK

2011年6月 初版第1刷発行

著者／谷口國博　ⒸKUNIHIRO TANIGUCHI, 2011
発行人／浅香俊二
発行所／株式会社チャイルド本社
〒112-8512 東京都文京区小石川5－24－21
電話：03-3813-2141（営業） 03-3813-9445（編集）
振替：00100-4-38410
〈日本音楽著作権協会（出）許諾第1103639-101号〉
印刷所／図書印刷株式会社
製本所／図書印刷株式会社

ISBN978-4-8054-0184-2
NDC 376　25.7×21.0m 56P　Printed in Japan
◎乱丁・落丁はお取り替えします。
◎本書を無断で複写複製することは、法律で認められた場合を除き、
　著作権者及び出版社の権利の侵害となりますので、その場合は予め小社あて許諾を求めてください。

チャイルド本社
ホームページアドレス
http://www.childbook.co.jp/
チャイルドブックや保育図書の情報が盛りだくさん。どうぞご利用ください。